Création d'une start-up à succès de A à Z

Création d'une start-up à succès de A à Z

Issame Hamaoui

© 2013 - Issame HAMAOUI

Edition: BoD - Books on Demand
12/14 rond-point des Champs Elysées
75008 Paris

Imprimé par **BoD** – **B**ooks **o**n **D**emand, Norderstedt
ISBN : **978-2-3220-3401-7**
Dépôt légal : octobre 2013

Table des matières

1. **L'idée** _____ 7
   - 1.1 Trouver une bonne idée _____ 7
   - 1.2 Valider votre idée _____ 10
   - 1.3 Protéger votre idée _____ 14
   - 1.4 Business Plan _____ 17
2. **Mettre en forme son idée** _____ 19
   - 2.1 Le cahier des charges _____ 19
   - 2.2 La maquette _____ 20
   - 2.3 La charte graphique _____ 20
   - 2.4 Bien s'entourer _____ 21
3. **Réalisation d'un site web** _____ 22
   - 3.1 Coder à la main _____ 22
   - 3.2 CMS (Système de Gestion de Contenu) _____ 23
   - 3.3 Générateurs de sites web _____ 24
   - 3.4 Agence & SSII & Freelance _____ 25
   - 3.5 Conclusion _____ 26
4. **Réalisation d'une application mobile** _____ 27
   - 4.1 Approche native _____ 27
   - 4.2 Approche web mobile _____ 30
   - 4.3 Approche hybride _____ 32
   - 4.4 Conclusion _____ 35
5. **Formalités juridiques** _____ 35
   - 5.1 Mentions légales _____ 36
   - 5.2 Déclaration à la CNIL _____ 37
   - 5.3 Collecte d'information _____ 38
   - 5.4 Statut juridique _____ 39
6. **Mise en ligne du site/application** _____ 40
   - 6.1 Hébergement du site internet _____ 40
   - 6.2 Mise en ligne de l'application mobile : _____ 42
7. **Création du trafic sur site/application** _____ 43
   - 7.1 Introduction _____ 43

7.2	Référencement naturel	43
7.3	Référencement payant	45
7.4	Référencement social	46
7.5	E-mailing	46
7.6	Le Vidéo Marketing	47
7.7	Création d'un blog	48
7.8	Favoriser le dialogue	48
7.9	Marketing viral	48
7.10	Relayez hors-ligne	48
7.11	Conclusion	49
8.	**Mesure d'audience**	**50**
8.1	Définition	50
8.2	Les indicateurs clés de l'analyse	50
8.3	Outils de mesure d'audience	51
9.	**La course au financement**	**56**
9.1	L'apport personnel	56
9.2	Les aides et les subventions	56
9.3	Le prêt d'honneur sans intérêt	56
9.4	Les emprunts	56
9.5	Les Concours	57
9.6	Les Investisseurs	57
9.7	Le Crowdfunding	57
10.	**Modèle économique (monétisation)**	**58**
10.1	La publicité	58
10.2	L'affiliation	58
10.3	La vente des liens	58
10.4	La vente de Produits/Services	59
10.5	La vente des données	59
10.6	Le freemium	59
10.7	Les commissions	59

1. L'idée

1.1 Trouver une bonne idée

Vous souhaitez créer votre start-up, mais n'avez pas encore trouvé l'idée ? Voici quelques conseils à suivre pour trouver une bonne idée qui fera la différence.

1.1.1 Cultiver sa passion

Nos passions et nos centres d'intérêt sont des mines d'idées de start-ups, ce sont manifestement des choses qu'on aime faire avec enthousiasme et sans que le temps nous dérange.

Notez précisément dans un carnet tous vos centres d'intérêt sans aucune retenue : j'aime la cuisine, j'aime les actualités sportives, etc.… Le but ici est d'avoir un maximum de mots clés qui vous intéressent, ces derniers seront réutilisés pour trouver la bonne idée.

1.1.2 Repérer un besoin insatisfait et le combler

Il faut développer au mieux notre capacité d'observation, notre critique ainsi que notre ouverture d'esprit.

- En observant notre environnement nous allons pouvoir identifier les problèmes existants et la raison pour laquelle ils existent.
- Un esprit critique nous permettra de remettre en question ce qui existe déjà, ceci afin d'identifier d'éventuelles pistes d'améliorations pour améliorer notre vie et celle des autres.
- Enfin, l'ouverture d'esprit nous aidera à acquérir une compréhension plus large de l'environnement qui nous entoure et pourrons ainsi développer davantage notre inspiration.

1.1.3 Importer un concept existant à l'étranger

De nos jours, il est difficile d'inventer un nouveau concept. Comment innover quand tout ou presque existe déjà ? Une solution s'offre à nous : adapter un concept qui n'existe pas sur notre territoire, mais qui a fait ses preuves à l'étranger.

Nous pouvons alors dénicher des idées à l'étranger afin de les adapter à notre marché, sans négliger les barrières comme la différence de culture ou la maturité d'un marché, mais certains concepts s'importent très bien notamment dans le domaine d'internet.

Exemple :
- C'est sur la base de l'américain Half.com que naît l'idée de PriceMinister.com racheté par le japonais Rakuten pour 200 millions d'euros.

1.1.4 Transposer un modèle dans un autre secteur

Après observation et identification d'un concept novateur qui a fait ses preuves, on peut imaginer son utilisation dans un autre secteur d'activité.
Ainsi, identifions des idées à succès et déclinons-les en fonction de nos goûts et de ce qu'on sait faire.

Exemples :
- Groupon pour les jeunes femmes urbaines ➔ Dealissime
- Facebook pour animaux de compagnie ➔ Yummypets
- Firefox pour les enfants ➔ Potati
- Linkedin pour les jeunes diplômés ➔ Yupeek

1.1.5 Conclusion

Pour vous aider à trouver une **bonne idée** pour créer une entreprise, la liste non exhaustive ci-dessous peut être utile :

- Sites des nouvelles idées de business innovantes et tendances : hellobiz.fr, springwise.com, techcrunch.com, whogotfunded.com, innovant.fr, jaimelesstartups.fr, coolbusinessideas.com, ideesdebiz.fr, etc.
- Sites des principaux incubateurs d'entreprises innovantes : 500.co/startups, ilab.harvard.edu, mon-incubateur.com/site_incubateur/incubateurs, etc.
- Magazines de « business » : Capital, Journaldunet, Management & Challenges consacrent régulièrement des numéros sur les nouvelles idées de business.
- Concours de start-up: leweb.co, startup-academy.net, moovjee.fr, etc.

1.2 Valider votre idée

Avant de se lancer et engager temps et argent à créer notre startup, il est important de vérifier la pertinence de notre idée. C'est une démarche primordiale qui nous permettra d'éviter la désillusion.

Je vous propose une méthode par étapes afin de valider votre idée.

1.2.1 Déterminer les composantes de l'idée

Une idée ne suffit pas à élaborer un projet. L'idée directrice doit s'accompagner d'une réflexion sur les questions suivantes :
- Quels services/concepts, souhaitons-nous produire ou exploiter ?
- A quel besoin répond le concept/service ?
- Quel sera le mode d'utilisation du concept/service ?
- Comment il sera vendu ?
- Quel est le caractère novateur du service/concept (S'il y a lieu) ?
- Quels sont ses points forts ?
- Quels sont ses points faibles ?

1.2.2 Délimiter le marché visé

Cette étape permet d'avoir une idée large sur la clientèle visée. Pour cela, il faut répondre aux questions suivantes :
- **Quelle est la nature du marché visé ?** Local, régional, national ou international ? Permanant ou saisonnier ? etc.
- **Quelle clientèle pensez-vous pouvoir toucher ?** Les particuliers en activité ? Les retraités ? Les entreprises artisanales ? Les petites ou moyennes entreprises ? Les grands groupes ? Les cabinets libéraux ? Les administrateurs de biens, les organismes divers, etc.
- **Quelle cible pressentez-vous ?** A ce stade, on doit être capable de décrire ce que pourrait être notre clientèle principale.

1.2.3 Décrire l'activité de façon très précise

A présent - grâce aux questions posées ci-dessus - on doit pouvoir écrire de façon précise, en quelques phrases l'activité de la start-up.

Cet exercice nous fera gagner beaucoup de temps pour rédiger notre business plan plus tard.

1.2.4 Solliciter avis et conseils

Il est important de parler de son projet à des professionnels de la création d'entreprises, ces derniers peuvent nous accompagner et nous conseiller ainsi nous apporter un regard avisé et neutre. Il ne faut pas hésiter à approcher, avec prudence :
- Les chambres de commerces et d'industrie (CCI) : http://www.cci.fr,
- Le réseau information Jeunesse : http://www.cidj.com,
- Les associations de jeunes entrepreneurs,
- Clubs,
- Incubateurs,
- Business angels,
- Professeurs,
- Famille,
- Amis,
- Etc.

Google et l'APCE ont créé un outil qui permet d'identifier les organismes d'aide et d'accompagnement : http://www.startup-cafe.fr/connect/

1.2.5 Analyser les contraintes

Il convient de repérer toutes les contraintes, afin de les réduire ou de les éliminer. Ci-dessous, nous allons recenser les plus connus d'entre elles :

a. **Les contraintes propres à la nature du concept/service**
- Complexe : temps de mise au point, normes à respecter
- Innovant : nécessite de modifier les habitudes chez les utilisateurs
- Copiable : risque d'arrivée de gros concurrents, nécessité d'occuper le marché très vite
- Très couteux : hésitation chez l'acheteur potentiel
- Non rentable par lui-même : aléas des recettes provenant des tierces parties
- Dépendant : de partenaires incontournables
- Effet de mode : quel concept prendra la suite ?
- Image négative : nécessite une forte communication

b. **Les contraintes liées à mon marché**
- Le marché est-il à créer, en démarrage, en fort développement, mature, en déclin… ?
- Y-a-t-il des barrières à l'entrée ?
- Le marché est-il atomisé, trop large, peu solvable ou très risqué, versatile, peu réactif, à délais de paiement longs, à double clientèle,… ?
- Y-a-t-il un risque de réaction de concurrents disposant de gros moyens, ou de se trouver en présence d'une concurrence déloyale ou occulte ?

c. **Les contraintes de réglementation**
- Est-ce qu'on dispose de l'expérience ou du diplôme requis ?
- Peut-on obtenir les autorisations exigées (droits d'auteur, images libres de droits…) et a-t-on vérifié que l'activité n'est pas en cours de règlementation ?
- Si on est salarié (ou si on l'était, il y a peu), notre contrat de travail contient-il une clause restrictive pour exercer l'activité ?

d. **Les contraintes de moyens**
- Identifie les moyens techniques, humains et financiers nécessaires pour faire aboutir mon projet.

1.2.6 Définir le projet personnel du créateur

Pour mettre toutes les chances de notre côté, il est important de vérifier la cohérence entre les exigences de notre projet et :
- **notre personnalité** : rigoureux, sérieux, extraverti, timide, introverti, autoritaire, charismatique ...
- **notre potentiel** : bonne condition physique et psychique, capacité à absorber le stress, à savoir négocier, à être débrouillard, créatif et réactif, à cultiver des réseaux relationnels, à animer, à communiquer ...
- **nos motivations** : désir d'indépendance, goût des responsabilités, concrétiser un rêve ou une passion, se réaliser et changer de vie, exploiter une opportunité, accéder à un meilleur statut social, disposer d'un revenu immédiat, augmenter ses revenus ...
- **nos objectifs** : travailler seul, entreprise de plusieurs dizaines de salariés dans quelques années, un grand revenu, revendre rapidement la startup, devenir leader ...
- **nos compétences et savoir-faire** : idéalement la technique, le commercial et le management.
- **nos contraintes personnelles** : disponibilité et temps, contraintes financières, capacité d'emprunt, santé ...

1.2.7 Vérifier le réalisme de l'idée

A l'aide des éléments réunis auparavant, on peut mesurer le réalisme d'une idée grâce à la matrice SWOT, cette dernière permet d'analyser les forces, faiblesses, opportunités et menaces de notre projet :
- **Forces** : le concept répond à un vrai besoin, marché suffisant et accessible, déjà des clients pour démarrer, caractère innovateur, équipe soudée et expérimentée ...
- **Faiblesses** : moyens financiers, peu de temps/motivation, risque d'être dépendant, résistance culturelle de la part des clients, pas d'expériences, pas de références/partenaires ...
- **Menaces** : risque de réglementation, manque de notoriété par rapport aux concurrents ...

- **Opportunités** : revenus publicitaires, fidélisation plus facile …

Suite à cette réflexion, on doit être en mesure de conclure si le projet est réaliste auquel cas on doit se lancer, ou sinon l'abandonner.

1.3 Protéger votre idée

La protection de l'idée n'est pas une obligation en soi mais dès qu'on veut présenter notre idée sans craintes à un investisseur ou un collaborateur, la protection devient une nécessité.

Une idée ne peut pas être protégée, seule sa forme peut l'être grâce à différents titres de propriété intellectuelle qui sont mis à notre disposition :

1.3.1 Choix d'un nom

Un nom pertinent est la meilleure garantie du succès de notre startup, il est indispensable de le choisir le plus simple possible.

Quelques critères de choix de nom :

- Disponible : le nom ne doit pas être la propriété d'un tiers :
    - https://www.infogreffe.fr/societes/ : Pour vérifier la disponibilité de la dénomination sociale de la startup dans le même secteur d'activité.
    - http://bases-marques.inpi.fr/ : Pour vérifier la disponibilité de la marque.
    - http://domai.nr/ : Pour vérifier la disponibilité du nom de domaine avec les principales extensions (.com, .net, .fr, .eu…)
    - http://www.namechk.com : Pour vérifier la disponibilité du nom sur plusieurs réseaux sociaux.
- Court, simple, facile à retenir et à écrire dans les principales langues visées.
- Représente avec succès notre activité, sans être trop restrictif

KeywordToolExternal de Google permet de voir la pertinence des mots clés, le volume de recherche dans le moteur et surtout la concurrence de ce terme.

1.3.2 Dépôt d'un nom de domaine

Pour déposer un nom de domaine, il faut passer par des organismes spécialisés. L'afnic, par exemple, s'occupe des noms en ".fr"; tandis qu'Internic s'occupe des adresses internationales. Cependant, il n'est pas possible de contacter ces organismes directement. Ainsi, il est nécessaire de passer par un autre intermédiaire, appelé « registrar ».

Tout nom est créé pour au moins 1 an et au plus 10 ans. Il est cependant possible à tout instant de prolonger la durée de vie d'un nom de domaine.

Les principaux registrars sont 1and1.fr, ovh.com, gandi.net et online.net.

1.3.3 Protection d'un logiciel/application/site web

Une idée et un concept ne peuvent pas être protégés en tant que tels. Seule la matérialisation de cette idée ou de ce concept peut être protégée :

1.3.3.1 Dépôt d'un brevet

Un brevet est un titre de propriété industrielle sur une invention à caractère technique. Il confère à son titulaire le droit d'interdire la fabrication, l'utilisation, la vente, l'importation, l'exploitation par un tiers de l'innovation brevetée.

Coût : L'entretien d'un brevet sur 20 ans revient en moyenne à 4750 €
Durée de la protection : 20 ans
Contact : www.inpi.fr ➔ «Brevets» ➔ «Déposer un brevet»

1.3.3.2 Dépôt d'une marque

Une marque est un signe (mot, logo, slogan, couleur, forme etc...) qui sert à distinguer la startup de ses concurrents. Acquérir un droit exclusif sur la marque permet d'interdire à toute personne physique ou morale d'utiliser ce signe distinctif dans les secteurs d'activités (classes) protégés.

Coût : ~200€ jusqu'à 3 classes (+ 40 euros par classe supplémentaires)
Durée de la protection : 10 ans renouvelable indéfiniment
Contact : www.inpi.fr ➔ « Marques » ➔ « Déposer une marques »

1.3.3.3 Dépôt de dessins et modèles

L'ergonomie d'un logiciel/application/site web... peut être protégée par un dépôt de dessins et modèles.

Coût : 38€ pour le dépôt + 22 € pour chaque reproduction en noir et blanc (ou 45 € pour la reproduction en couleurs)
Durée de la protection : 10 ans.
Contact : www.inpi.fr ➔ « Dessins et modèles » ➔ « Déposer un dessin et modèle »

1.3.3.4 Droits d'auteur

Les logiciels, sites web, applications, etc... sont protégés au titre du droit de propriété littéraire et artistique. Cette protection s'obtient sans aucune formalité. Les programmes informatiques, le code et les interfaces graphiques sont donc protégée à partir du jour où ils sont réalisés.

Cependant, L'auteur doit prouver qu'il est bien le créateur à une date déterminée en cas de plagiat ("action en contrefaçon") :
- **Le dépôt chez soi :** L'auteur s'adresse lui-même un pli recommandé avec accusé de réception et garde le pli scellé.
- **Enveloppe Soleau :** permet de se constituer, facilement et à moindre coût, la preuve de la date de la création.

- **dépôt auprès d'un organisme spécialisé :** déposer la création auprès d'un office ministériel (notaire ou huissier de justice) ou en faisant appel à une société d'auteurs.

1.4 Business Plan

Le Business Plan est un outil de réflexion qui permet de formaliser, d'organiser et de planifier le projet. C'est aussi un outil de communication afin de présenter de manière claire et précise notre startup à divers interlocuteurs (partenaires, banquiers, investisseurs, franchiseurs, aides, concours...).

Ci-dessous les principales rubriques que doit contenir un Business Plan :

- **Portrait de la startup :** Présenter tout ce qui a trait à la startup : forme juridique, localisation, date de création, début d'activité, capital, etc...
- **L'équipe :** Présentation du porteur du projet et des personnes clés de la startup (résumé des CV). Il est préférable de montrer que les profils sont complémentaires, que l'équipe est expérimentée, soudée et qu'elle réunit l'ensemble des compétences nécessaires.
- **Les produits et/ou services :** A quels besoins répondent-ils ? Quelle est l'offre existante? Quel est le caractère innovant des produits/services, leurs avantages et inconvénients par rapport à l'offre existante ? Pourquoi ils n'ont pas été déjà proposés ? Le marché est-il mûr ?
- **Le marché :**
  - Démontrer l'existence d'un marché (enquêtes auprès des clients ou prospects).
  - Identifier les clients potentiels.
  - Préciser les zones géographiques ciblées.
  - Etudier les perspectives de l'évolution du marché.
- **Le modèle économique :**
  - Définir les sources de revenus de la startup.
  - Préciser les canaux de distribution.
  - Définir les prix de vente des produits ou services.
  - Etudier la stratégie commerciale.

- **Financement :**
    - Plan de financement : besoins financiers et sources de financement prévues (apport personnel, aides, prêt …)
    - Résultats prévisionnels et plans de trésorerie (pour la première année, 3ans, 5ans)
- **La concurrence :**
    - Enumérer tous les concurrents directs ou indirects
    - Indiquer pour chacun des concurrents : l'ancienneté, la taille, le CA, la part de marché, les caractéristiques du produit/service, la réputation, etc.
    - Mettre en valeur les avantages concurrentiels.
    - Définir les barrières à l'entrée pour de nouveaux entrants.
- **Stratégie marketing et commerciale :**
    - Définir les prix des produits et/ou services.
    - Etudier la stratégie de marketing et de communication (supports, budget, campagnes, partenariats, etc…)
    - Etudier la stratégie commerciale (canaux de distribution, délais et modes de règlement, politique de vente, etc…)

Il existe plusieurs modèles simples et pratiques pour rédiger son business plan, le plus complet étant celui de l'APCE (**A**gence **P**our la **C**réation d'**E**ntreprises) :
http://media.apce.com/file/22/2/dossier_creation_entreprise_2008.20222.rtf

2. Mettre en forme son idée

2.1 Le cahier des charges

Lorsqu'on veut créer une startup autour d'un concept Web ou mobile, il est très important de rédiger un cahier des charges clair et détaillé. C'est ce dernier qui va servir de guide pour le développement technique.

Un cahier des charges est un document visant à définir exhaustivement les spécifications de base de l'application/site à réaliser. Il contient la liste des besoins, des exigences et des contraintes qu'il faut respecter lors de la réalisation du projet. Il doit également contenir tous les éléments permettant de mesurer les coûts, délais, ressources humaines et l'assurance qualité.

Un cahier des charges doit comporter 3 grandes catégories :
- **La présentation du besoin** : il s'agit de donner une description succincte du projet. Expliquer en quoi il consiste, le problème, l'objectif, le planning, le périmètre, etc...
- **L'analyse fonctionnelle** : Il s'agit de faire une étude complète des différentes fonctionnalités de l'application/site :
    - Identifier et lister la totalité des fonctions attendues, et leurs contraintes.
    - Décrire les enchaînements de fonctions.
    - Représenter le modèle détaillé des fonctions
    - ⇨ Quelques outils pour faire cette analyse : « la bête à corne », « diagramme Pieuvre » ...
- **La solution proposée pour répondre au besoin :** Il s'agit de proposer des pistes pour la réalisation de chacune des fonctionnalités. L'objectif est d'organiser au mieux la suite du projet en le découpant en 'sous projets' et en listant les différentes idées qui peuvent permettre de répondre au problème/besoin.

PS : Simplifiez au maximum et ne proposez que les fonctionnalités qui répondent parfaitement aux besoins de vos clients (Google, Youtube, Twitter, etc. sont des outils simples)

2.2 La maquette

Après la définition du besoin auquel doit répondre le projet ainsi que les principales fonctionnalités attendues, on peut réaliser une **maquette du site/application**.

Une maquette graphique, un prototype ou encore un wireframe permet de dessiner de manière très basique les différentes pages d'un site web, logiciel ou application mobile, et d'avoir une vision « usage » sans se préoccuper de la manière dont elle sera transcrite en code.

Il existe de nombreux outils de wireframe, permettant d'allier simplicité de prise en main et rapidité de réalisation, voici quelques-uns :
- Balsamiq Mockups
- https://wireframe.cc/
- https://gomockingbird.com/mockingbird/#
- http://www.mockflow.com/

Ils permettent de réaliser les maquettes de manière précise et interactive (définition du déroulement des actions et interactions par des liens cliquables sur différents objets : boutons, liens, images, etc.)

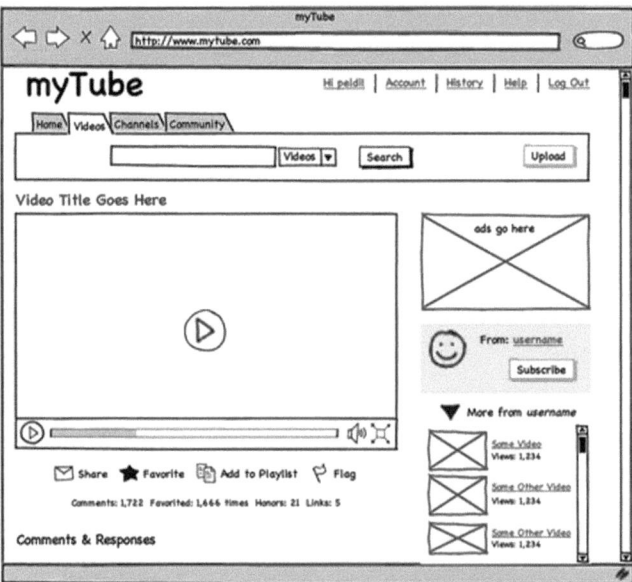

2.3 La charte graphique

La charte graphique est un document qui contient l'ensemble des règles à respecter pour constituer une identité graphique. Cette identité visuelle pourra être repris pour tous les documents web (site internet, application mobile, bannière publicitaire, logo, newsletter...) ou les impressions du client (plaquette commerciale, flyer, papier entête, brochure, carte de visites...).

La création d'une charte graphique comprend :
- Création d'un logo (couleurs, déclinaisons, position dans la page et interdits)
- Création d'un bandeau (ou bannière)
- Sélection des polices de caractères à utiliser
- Sélection des couleurs dans la palette (primaire, secondaire, texte, liens...)
- Création des illustrations et images
- Etc...

2.4 Bien s'entourer

Le risque de défaillance est moindre dans les entreprises conduites par des associés que dans celles créées par des individus seuls. Lorsque la start-up est co-fondée, il faut miser sur la complémentarité : une équipe soudée face aux probables difficultés rencontrées le long du chemin de la création.

Pour cela, il faut du réseau, parler du projet et diffuser des annonces. Pour dénicher des associés, on peut utiliser des réseaux sociaux dédiés tels que **Wizbii.com** ou **fr.Teamizy.com**, mais également **Viadeo.com** et **LinkedIn.com**.

3. Réalisation d'un site web

Une fois le cahier des charges, les maquettes et la charte graphique sont prêts, nous pouvons commencer le développement de manière optimale : nous connaissons les livrables à réaliser, avons définis un planning précis et avons donc gagné en productivité et en qualité.

Pour créer un site/application, plusieurs solutions s'offrent à nous :

3.1 Coder à la main

La création et la conception manuelle d'un site web est un processus qui implique la mise en œuvre des moyens et des compétences très importants. Un site web peut être une simple page au format HTML, ou des milliers de pages proposant des animations, des services programmés en PHP ou autre langage serveur, des formulaires supposant un traitement en JavaScript, ou AJAX. Il peut aussi reposer sur des technologies de bases de données, par exemple MySQL.

Ci-dessous quelques-uns des outils qui me semblent indispensables pour développer un site web de la manière la plus efficace et la plus qualitative possible :

- **Notepad++** : est un éditeur de texte complet, libre et gratuit destiné aux développeurs. Il s'adapte au type de langage de programmation utilisé et permet de facilement se repérer dans le code. Il dispose également de fonctions simples mais pertinentes et ergonomiques, très utiles lorsque l'on écrit du code.
- **MySQL Workbench :** est un logiciel de gestion et d'administration de bases de données MySQL. Via une interface graphique intuitive, il permet de créer, modifier ou supprimer des tables, et d'effectuer toutes les opérations liées à la gestion d'une base de données.
- **Photoshop :** est le logiciel le plus utilisé actuellement pour la retouche et le traitement d'images. En gratuit dans ce domaine, il existe l'excellent **Gimp2**, extrêmement complet.
- **FileZilla :** est un logiciel gratuit, rapide et sécurisé qui permet d'envoyer et de télécharger des fichiers vers son propre site internet. Avec ce

logiciel, on peut gérer facilement notre site en y ajoutant des documents de toute nature (images, texte, page, vidéos, etc...).

3.2 CMS (Système de Gestion de Contenu)

Un CMS (**C**ontent **M**anagment **S**ystem) ou « système de gestion de contenu » est un logiciel de création, de mise à jour et de gestion de site internet dont les utilisateurs peuvent aisément mettre à jour et modifier le contenu.

Un CMS est généralement gratuit et écrit en PHP, il s'installe sur le serveur et une base de données SQL est toujours nécessaire pour le faire fonctionner.

Avantages :
- **Open source & Gratuit :** Les CMS sont, dans la plupart des cas gratuits et libres de droit.
- **Simple d'utilisation :** Un CMS permet de créer un site sans connaissance particulière en développement.
- **Prise en main rapide :** Les CMS sont intuitifs et ont une interface agréable, claire et bien pensée.
- **Une communauté :** Pour les CMS les plus répandus, la communauté d'utilisateurs et très importante et permet de trouver facilement et rapidement de l'aide.
- **Modulable :** Un CMS est une structure qui peut évoluer avec l'ajout de modules à activer et désactiver selon nos besoins.
- **Thèmes personnalisables :** Les CMS permettent grâce aux thèmes de personnaliser très facilement le webdesign.

Inconvénients :
- **Manque de fonctionnalités de base** : Un CMS ne répond pas toujours à l'ensemble de nos besoins. On serait même obligé dans certains cas de coder pour créer la fonctionnalité désirée.
- **Sécurité** : Le code source étant accessible par tout le monde, les failles le sont aussi.

- **Performance :** Un site conçu avec un CMS est souvent moins performant et donc plus lent qu'un site fait à la main (connexion à la base de données, récupération des contenus, …)

Exemples :
- **Blog**: Wordpress, DotClear
- **Wiki** : MediaWiki, PmWiki
- **Site web**: Joomla, Spip, Drupal
- **Réseau social**: Jomsocial, SocialEngine, BuddyPress
- **Site ecommerce**: Prestashop, Drupal e-commerce, WP e-commerce, VirtueMart, Magento
- **Forum**: PhpBB, fluxBB

3.3 Générateurs de sites web

Un générateur de site web est un outil en ligne qui permet de créer et gérer facilement son site internet sans nécessiter des compétences particulières.

Avantages :
On peut créer rapidement un site internet sans aucune connaissance technique (langages HTML, CSS, …). On peut se lancer sur le web sans débourser un centime (pas de nom de domaine et d'hébergement à payer).

Inconvénients :
Le nombre de pages est limité, ainsi que la taille du site, et le choix des designs.
De même, un site Web créé avec un générateur en ligne n'aura pas de nom de domaine propre, mais plutôt un nom du genre "**monsite**.blogspot.com" ou "sites.google.com/**monsite**".

Exemples :
- Blog: www.blogspot.com, fr.wordpress.com
- Site web: sites.google.com, www.weebly.com
- Réseau social: www.ning.com, www.grou.ps

- Site ecommerce: www.weezbe.com, www.prestabox.com, boxecommerce.laposte.fr

3.4 Agence & SSII & Freelance

Pour réaliser un site web, on peut faire appel à un freelance (indépendant), une agence web ou bien une société de services en ingénierie informatique (SSII).

3.4.1 L'indépendant (Freelance)

Il s'agit d'une personne seule pouvant être infographiste, webdesigner, intégrateur, développeur ou un peu de tout ça à la fois. Pour de petits projets tels des sites vitrines il pourra certainement tout assurer lui-même et généralement pour un coût final intéressant. Pour des sites plus importants nécessitant des compétences complémentaires ou plus pointues, l'indépendant peut faire appel à d'autres spécialistes.

Il existe plusieurs sites de mise en relation entre porteurs de projets et freelances : www.odesk.com, www.codeur.com ...

3.4.2 L'agence web

Une agence web est une entreprise spécialisée dans la conception et la réalisation de sites Internet. Elle est constituée essentiellement de spécialistes comme des chefs de projet, des webdesigners, intégrateurs, développeurs web mais aussi parfois des référenceurs, community managers et spécialistes du marketing. En conséquence, une agence web peut prendre en charge des projets plus importants dans leur globalité.

3.4.3 La Société de Services en Ingénierie Informatique

La SSII n'est généralement pas spécialisée dans la conception de sites web, ce serait une agence web sinon. Elle fait donc souvent appel à des sous-traitants que ce soient des agences ou des indépendants.

Si on fait déjà appel à une telle société pour d'autres prestations il peut être intéressant de lui confier notre projet. Ainsi, on garde notre interlocuteur habituel. Il nous connaît et nous le connaissons. C'est rassurant. La contrepartie est que généralement les prix pratiqués par les SSII sont supérieurs à ceux des agences et à fortiori des freelances.

3.5 Conclusion

La question à se poser est : « **quels sont mes besoins ?** ». Dans la plupart des cas, un CMS répond parfaitement à nos besoins, et il est alors inutile de développer une solution pendant des mois. Cependant, si on veut un site avec des fonctionnalités bien spécifiques, et qu'on dispose de compétences techniques, du budget et du temps, il faudra se tourner alors vers une solution personnalisée (à la main, freelance, agence…)

4. Réalisation d'une application mobile

La mise en œuvre d'une application mobile doit tenir compte d'un grand nombre d'éléments importants : diversité des OS clients (iOS, Android, Window Phone...), pluralité du hardware (Samsung, HTC, Apple...), ergonomie, application native, Web, etc…

Dans cette partie, on essaiera d'apporter des éléments de réflexion utiles dans le cadre du développement d'une application mobile. On explicitera ainsi les technologies utilisées afin de mieux comprendre les atouts et limites des solutions actuelles et d'être capable de faire des bons choix.

4.1 Approche native

4.1.1 Introduction

L'approche native consiste à créer des applications dédiées à un système mobile particulier. A l'heure actuelle, les plus répandus sont Android, iOS, Windows Phone 7 et Blackberry.

Avec cette approche on peut (presque) tout faire, de la lecture des SMS à la configuration du système. De plus, elle offre une cohérence de l'ergonomie de l'application par rapport au système.

4.1.2 iOs (iPhone OS)

Grâce au succès de l'AppStore, l'iPhone est devenu l'ami numéro un des utilisateurs des Smartphones et par conséquent celui des développeurs.

Matériel et Langage de programmation :
- **Mac :** Le développement pour iPhone nécessite un Mac (ou un Mac Mini)
- **Xcode :** est un logiciel (environnement de développement) pour le développement sur iOs : On peut s'enregistrer gratuitement comme développeur auprès d'Apple https://developer.apple.com/register/index.action pour télécharger XCode. Si on le souhaite, on peut s'enregistrer à la version payante de « l'iPhone Developer Program » qui nous donne un certificat permettant

de signer nos applications et ainsi les installer sur un appareil de test et les distribuer sur l'App Store. Mais pour essayer simplement le développement sur iOS, un compte gratuit suffit parfaitement.
- **Objective-C :** est le langage utilisé pour écrire les applications natives Mac OS X et iPhone.

En savoir plus : http://www.siteduzero.com/informatique/tutoriels/creez-des-applications-pour-iphone-ipad-et-ipod-touch

Publication sur l'App Store : Une fois développée, l'application doit être soumise à validation par Apple. Elle est ensuite ajoutée à l'App Store, moyennant l'acquittement d'une licence permettant de l'installer sur iPhone (99$ par an pour un particulier, 300$ par an pour une entreprise).

4.1.3 Android

L'univers du développement d'applications mobiles a été bouleversé par le lancement du système open-source Android, qui est devenu l'OS le plus populaire dans le monde.

Matériel et Langage de programmation :
- **Matériel :** De manière générale, n'importe quel ordinateur permet de développer sur Android du moment qu'on utilise Windows, Mac OS X ou une distribution Linux.
- **JDK :** (Java Development Kit), qui contient le JRE (afin d'exécuter les applications Java), mais aussi un ensemble d'outils pour compiler et déboguer le code Java.
- **SDK Android** : (kit de développement) est un ensemble d'outils qui permet de développer des applications pour Android.
- **Eclipse** : l'environnement de développement sera Eclipse qui reste le meilleur choix car il est gratuit, puissant et recommandé par Google dans la documentation officielle d'Android.
- **Java** : est le langage utilisé pour développer les applications natives pour Android.

En savoir plus : http://www.siteduzero.com/informatique/tutoriels/creez-des-applications-pour-android

Publication sur Google Play : Pour distribuer nos applications via Google Play, on doit s'y inscrire. Cette inscription s'effectue moyennant des frais d'inscription de 25$ (une seule fois).

4.1.4 Windows Phone

Avec un peu plus de retard sur iPhone et Android, Microsoft attaque le marché de la mobilité avec un peu plus de maturité et nous propose son système d'exploitation : Windows Phone.

Matériel et Langage de programmation :
- **Matériel** : Il faut posséder Windows 7, Windows Vista SP2 ou Windows 8 qui sont pour l'instant les seules configurations supportées permettant de développer pour Windows Phone.
- **Visual Studio 2010 Express**: Microsoft propose gratuitement Visual Studio dans sa version express. C'est une version allégée de l'environnement de développement qui permet de faire plein de choses, mais avec moins d'outils que dans les versions payantes. cette version gratuite est très fournie et permet de faire tout ce dont on a besoin pour apprendre à développer sur Windows Phone.
- **Windows Phone SDK** : ce sont tous les outils dont on va avoir besoin pour développer pour Windows Phone.
- **C#** : est le langage de développement phare de Microsoft et permet la création d'applications informatiques de toutes sortes.

En savoir plus : http://www.siteduzero.com/informatique/tutoriels/creez-des-applications-pour-windows-phone

Publication sur Windows Phone Store: Ça y est, notre application est prête. Pour la publier sur le Windows Phone Store, on doit créer un compte développeur qui coute 99$ par an.

4.2 Approche web mobile

4.2.1 Introduction

Dans le cas de l'approche « Web Mobile », on utilise des technologies Web modernes, comme HTML5, CSS3 et JavaScript. On a ainsi la possibilité de créer des applications web multiplateformes accessible via navigateurs.

En revanche, le web mobile ne permet pas l'accès aux hautes performances, ni aux couches basses du téléphone. L'ergonomie n'est pas en parfaite adéquation avec le système, et surtout l'accès à notre application se fait uniquement via navigateur.

4.2.2 Coder à la main

Une application web mobile désigne un site web adapté pour les mobiles. Elle n'a pas besoin d'être téléchargée et installée puisqu'il s'agit d'un simple site web accessible via un navigateur mobile.

Voici quelques principes de base que nous devons respecter lors de la création d'une version mobile de notre site web principal :

- **Disposition des informations principales** : Il est important de réduire le contenu du site et s'assurer que l'information est facile à lire.
- **Pages et navigation :** La navigation claire et intuitive devient essentielle, car les utilisateurs chercheront à exécuter les tâches rapidement et efficacement.
- **Taille des pages :** La taille maximale d'une page d'un site version mobile ne devrait pas dépasser 20Ko. L'avantage étant la rapidité de chargement des pages ainsi que la réduction des coûts pour ceux dont les connexions sont payantes.
- **Nom de domaine :** héberger la version mobile d'un site en sous-domaine est la manière utilisée pour la plupart des sites mobiles. (http://mobi.notresite.com)
- **Compatibilité :** il faut éviter le Flash, Silverlight, applet Java, audio, vidéo, pop-up, JavaScript … car pas (ou peu) compatibles avec les navigateurs mobiles.

Il existe plusieurs Framework basés sur les technologies HTML5/JavaScript/CSS qui permettent de créer des applications web compatibles avec la plupart des mobiles récents (iPhone, Android, BlackBerry, etc...) et adaptées à toutes les résolutions d'écrans.

L'intérêt principal de ces Frameworks est de permettre aux développeurs de coder rapidement et simplement des applications web mobiles grâce à l'ensemble des composants mis à disposition (formulaires, listes, tables...)

Les Frameworks les plus aboutis (à mon avis) sont :
- JQuery Mobile : http://jquerymobile.com/
- Sencha Touch : http://www.sencha.com/products/touch
- M-Project : http://www.the-m-project.org/
- JQTouch : http://jqtjs.com/
- Wink : http://www.winktoolkit.org/
- DaVinci Studio : http://www.davincisdk.com/?page_id=9

4.2.3 CMS : Plugin mobile

Si notre site web est construit autour d'un CMS, il est possible de trouver une extension gratuite qui crée une version mobile adapté au Smartphones (Android, iPhone, Windows Phone, BlackBerry, ….)

Le principe est simple. Le plugin détecte le type de navigateur du visiteur de notre site, et s'il s'agit d'un Smartphone, alors c'est la version mobile du site qui s'affichera (taille d'écran, vitesse de chargement, Template...)

Exemples :
- Wordpress : Le module « WP Touch »
- Joomla : Le module « Mobile Joomla »
- Drupal : Le module « Mobile Plugin »
- Magento : Le module « Magento Connect »

4.3 Approche hybride

4.3.1 Introduction

C'est le mariage entre l'approche « Native » et l'approche « Web Mobile ». L'approche hybride permet de développer des applications mobiles natives (Android, iOS, Windows Phone, BlackBerry OS, …) en utilisant des langages purs Web : HTML5, CSS et JavaScript.

De nombreux frameworks hybrides dédiés à la mobilité ont été développés, les plus aboutis sont : PhoneGap et Appcelerator. Ces derniers offrent un pont entre le JavaScript et les couches basses, ce qui permet d'accéder à plus de fonctionnalités sur les Smartphones.

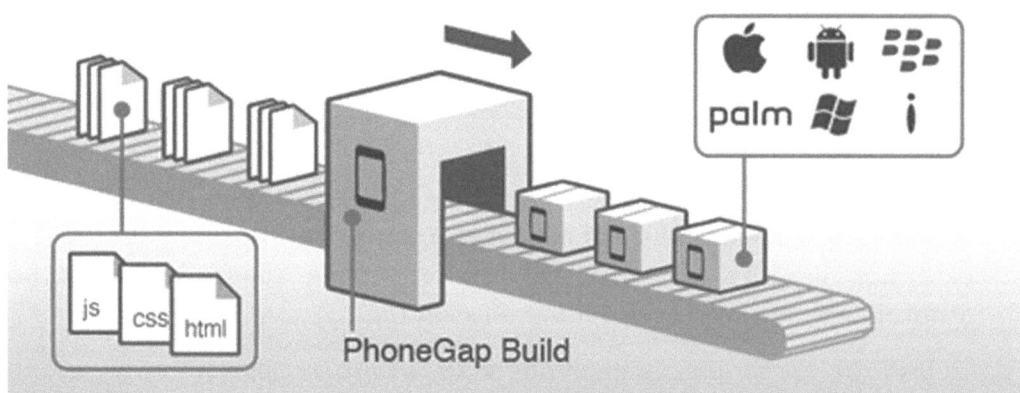

4.3.2 PhoneGap

Le framework Phonegap, aussi connu sous le nom d'Appache Cordova, est une API JavaScript open-source capable d'interagir avec les API matérielles des terminaux mobiles (localisation, vibreur, accéléromètre, son, fichiers, liste des contacts…)

En savoir plus : http://phonegap.com/

Configuration

PhoneGap nécessite d'installer et configurer soi-même plusieurs environnements selon la plateforme sur laquelle on souhaite développer notre application. Ainsi pour créer une application iPhone on aura besoin d'un Mac, du logiciel Xcode et du SDK PhoneGap iOS.

Avantages :
- Gratuit.
- Mutualisation du code sur les différentes plateformes.
- Compétence Web réutilisables.
- Communauté importante (plugins, tutoriaux).
- Open source avec de gros soutiens (IMB, Apache, Adobe, RIM, etc...)
- Gain de temps et réduction des coûts de développement.

Inconvénients :
- Il ne s'agit "que" d'une API JavaScript : l'implémentation des méthodes de callback est une charge non-négligeable
- Si on développe des plugins spécifiques PhoneGap il faudra effectuer ce développement sur chaque plateforme cible.
- Lenteurs constatées par rapport aux applications natives.
- Difficultés lorsque l'on souhaite débugger son application.
- Nécessité de plusieurs environnements de développement.

Pour faciliter l'utilisation aux développeurs, Adobe a mis un outil en ligne (PhoneGap Build) qui permet d'uploader les fichiers sources de notre application et ainsi télécharger les packages des plateformes correspondantes. https://build.phonegap.com/

4.3.3 Appceleretor Titanium

Titanium est une API et une plateforme éditées par Appcelerator. Il permet de réaliser des applications natives pout IOS, Android et BlackBerry avec un seul code JavaScript.

En savoir plus : http://www.appcelerator.com/developers/

Configuration :
Titanium fourni un IDE dédié, basé sur Aptana, un des meilleurs IDE Web reposant lui-même sur Eclipse.

Avantages :
- Gratuit.
- Maintien d'un code source commun.
- Un seul environnement de développement multiplateforme.
- Aussi performante qu'une application native.

Inconvénients :
- Peu de plateformes supportées.
- Bon niveau en Javascript est requis.
- Nécessité d'apprendre l'API Titanium.
- L'IDE nécessite une connexion Internet permanente.
- Mauvaise documentation et manque de ressources d'apprentissage.
- Difficultés lorsque l'on souhaite débugger son application.

4.3.4 Conclusion

Voici un arbre de décision très efficace qui va nous aider à choisir l'approche idéale pour notre application mobile :

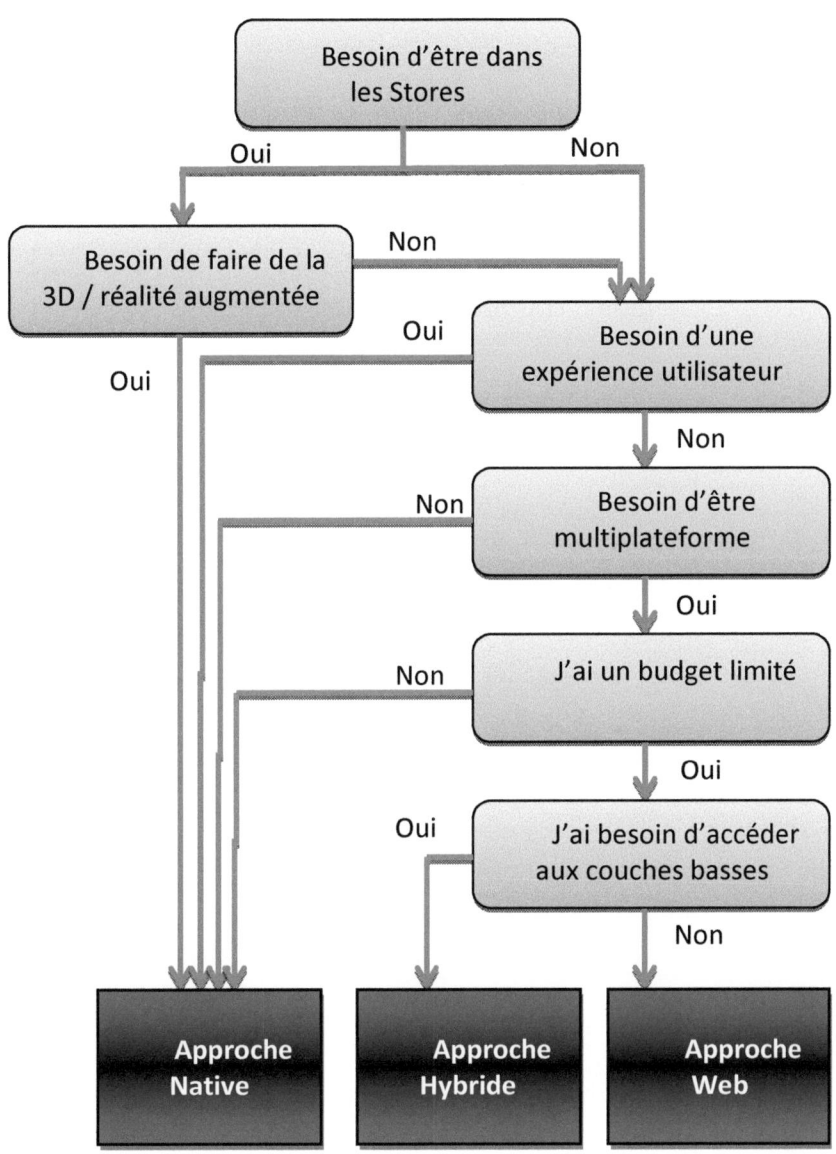

5. Formalités juridiques

Le site internet et/ou l'application mobile est maintenant développés. Il convient alors de se pencher sur les aspects juridiques avant le lancement de son activité.

5.1 Mentions légales

Tous les sites Internet et les applications mobiles doivent comporter une partie intitulée : **Mentions légales**. C'est la première des formalités à remplir. Cette partie doit récapituler les informations suivantes :

Particulier : un particulier possédant un blog ou un site/application personnel, doit être également soumis à la publication des obligations légales:
- Nom
- Prénoms
- Adresse du domicile
- Numéro de téléphone.
- S'il y a lieu : Numéro d'inscription au RCS (Registre du Commerce et des Sociétés) ou Répertoire des métiers (dans le cadre d'une activité rémunératrice sous le statut Auto entrepreneur par exemple).

Cependant, il est possible de garder son anonymat, seulement si les coordonnées exactes du responsable du site/application ont été transmises à l'hébergeur.

Il est impératif d'ajouter à la page des mentions légales, quel que soit le statut (particulier ou entreprise), les informations relatives à l'hébergement du site :
- Nom de l'hébergeur,
- Raison sociale,
- Adresse
- Numéro de téléphone

Entreprise : Un site / application professionnel se doit de faire figurer plusieurs informations obligatoires :
- Dénomination ou raison sociale
- Siège social
- Numéro de téléphone
- Nom du responsable de la rédaction du site
  Et s'il y a lieu :
- Structure juridique
- Capital social (si structure sociale)
- Numéro de SIREN, TVA et APE

Les boutiques en lignes : en plus des mentions légales, ils devront ajouter d'autres informations obligatoires :
- Les conditions générales de ventes
- Les conditions de livraisons
- Les conditions de paiement

Il existe des outils en ligne simples et gratuits qui permettent de créer des mentions légales : http://www.subdelirium.com/generateur-de-mentions-legales/

Au-delà de la simple obligation, ces mentions sont là pour rassurer les utilisateurs de notre site/application. Il est donc important de respecter ces textes de loi.

5.2 Déclaration à la CNIL

À ces obligations légales, il ne faut pas oublier également que tout site/application doit faire l'objet d'une déclaration auprès de la **CNIL** (**C**ommission **N**ationale **I**nformatique et **L**ibertés). A partir du moment où notre site/application traite des données personnelles, on est obligé de le déclarer à la CNIL. Ce dernier nous fournira en retour un numéro de déclaration à faire figurer dans les mentions légales.

Sont dispensés de déclaration :
- Les blogs ou sites/applications personnels.
- Les sites/applications vitrines, de présentation.
- Les sites/applications des associations.

Le manquement à ses mentions et déclarations peut être puni par la loi qui prévoit une peine maximale d'un an de prison et de 75 000 euros d'amende.

5.3 Collecte d'information

Toute personne se trouvant être l'objet d'une collecte d'information doit en être clairement **informée**, et son choix doit être **volontaire**. Les adresses destinées à la prospection ne peuvent pas être collectée dans un espace public (sur un forum, un annuaire, une discussion,…).

La loi « Informatique et Liberté » garantit certains droits aux internautes pour protéger leur vie privée. Les principaux sont :
- **Le droit à l'information** : chacun a le droit de savoir s'il est fiché et - si oui - quels fichiers contiennent des informations le concernant.
- **Le droit d'opposition** : n'importe qui peut s'opposer à figurer dans des fichiers.
- **Le droit d'accès** : A tout moment la personne doit pouvoir accéder aux informations détenues sur elle, et se voir communiquer ces informations.
- **Le droit de rectification** : chaque internaute doit pouvoir modifier les informations le concernant.

De plus, lors de la prospection, chaque message adressé aux personnes inscrites doit leur fournir la possibilité de se désinscrire à tout moment et par n'importe quel moyen.

5.4 Statut juridique

La structure juridique doit être dimensionnée au projet. Lorsqu'on souhaite travailler seul, on doit opter pour le statut d'**entreprise individuelle**. Au contraire, si la start-up est amenée à embaucher des salariés, le choix d'une **SARL** est le plus judicieux. Si la société est innovante et avec un fort potentiel de développement, il est préférable de créer une **SA**.

	Nb d'associés	Capital	Dirigeants	Responsabilité des associés
EI	l'entrepreneur individuel seul	pas de capital	Entrepreneur individuel	totale et indéfinie sur biens personnels (sauf habitation principale)
EURL	1 seul associé (personne physique ou morale)	librement déterminé	Gérant obligatoirement personne physique, l'associé unique ou un tiers	limitée aux apports
SARL	de 2 à 100 associés	librement déterminé	gérant(s) obligatoirement personne physique, associé(s) ou un tiers	limitée aux apports
SA	Minimum 7 personnes physiques ou morales	37 000€ minimum	Conseil d'administration (entre 3 et 18 membres) dont un président (personne physique)	limitée aux apports
SAS	1 ou plusieurs personnes.	pas de minimum.	président personne physique ou morale actionnaire ou non.	limitée aux apports
SASU	associé unique - une SASU peut être associée d'une autre SASU	idem	Président personne physique ou morale associé ou non.	limitée aux apports

6. Mise en ligne du site/application

6.1 Hébergement du site internet

Afin de rendre disponible note site web 24/24h, il est conseillé de recourir aux services d'un hébergeur proposant l'hébergement du site internet sur des serveurs sécurisés connectés en permanence à internet à très haut débit (plusieurs centaines de Mb/s).

6.1.1 Types d'hébergement

On distingue deux types d'offres dans ce domaine :
- **Hébergement dédié** : consiste à stocker ses données sur une machine dédiée (généralement en location). Cette offre est destinée aux sites qui génèrent beaucoup de trafic et demande beaucoup de ressources.
- **Hébergement Mutualisé** : signifie que notre site sera stocké au milieu de plusieurs milliers d'autres sites sur le même serveur. Cette solution - plus économique – est destinée aux sites qui ne génèrent pas de trafic important.

6.1.2 Critères de choix

Ci-dessous une liste des critères à prendre en compte pour le choix d'un hébergeur web :
- **L'espace de stockage (disque)** : Surement, l'un des points les plus importants, en effet il faut évaluer la taille en méga-octets voir giga-octets que prendra notre site.
- **Le trafic mensuel** : est le volume d'informations échangées entre les visiteurs et le serveur. Plus le site est visité, plus il réalise un trafic important.
- **Les noms de domaines** : La plupart du temps un ou plusieurs noms de domaines sont fournis.
- **Les services compris** : CMS, ERP, logiciels... sont souvent fournis avec un hébergement.
- **Le nombre de bases MySQL** : A prendre en compte si notre site utilise PHP couplé avec SQL.

- **Les langages supportés** : ASP, PHP ou autre selon l'offre et le système d'exploitation du serveur : Linux ou Windows.
- **Adresse email** : Vérifier le nombre d'adresse mail offerte et la taille de chaque compte.
- **La connectivité du serveur** : Vitesse de la connexion à laquelle est relié le serveur hôte. Cette dernière influera la vitesse d'affichage du site aux visiteurs.
- **Service client** : la disponibilité, la compétence et la réactivité du service client sont des points à ne pas négliger dans notre choix.

6.1.3 Quelques hébergeurs

Voici une liste non exhaustive des bons hébergeurs payants et gratuits :

- **Hébergeurs payants**: 1and1, Easy Hebergement, e-Hosting, FranceServ, Free-H, Gandi, Ikoula, Infomaniak, LWS, MavenHosting, Netissime, Online, OVH, PlanetHoster, RedHeberg, Rezoo, trusttelecom, Web4All, Webou Pro, Host-Stage.

- **Hébergeurs gratuits** : 11VM-Serv, Association Toile-Libre, ByetHost, FirstHeberg, Free, FreeWeb7, Kappatau, LesCigales, MonHébergeur, OLikeOpen, Olympe Network, RedHeberg, Webou.

6.2 Mise en ligne de l'application mobile :

6.2.1 Publication sur l'App Store

Une fois développée, l'application doit être soumise à validation par Apple. Elle est ensuite ajoutée à l'App Store, moyennant l'acquittement d'une licence permettant de l'installer sur iPhone (99$ par an pour un particulier, 300$ par an pour une entreprise).

Pour en savoir plus : http://www.apple.com/itunes/sellcontent/

6.2.2 Publication sur Google Play

Pour distribuer nos applications via Google Play, on doit s'y inscrire. Cette inscription s'effectue moyennant des frais d'inscription de 25$ (une seule fois).

Pour en savoir plus : https://play.google.com/apps/publish/signup/

6.2.3 Publication sur Windows Phone Store

Ça y est, notre application est prête. Pour la publier sur le Windows Phone Store, on doit créer un compte développeur qui coute 99$ par an.

Pour en savoir plus : https://dev.windowsphone.com/en-us/publish

7. Création du trafic sur site/application

7.1 Introduction

Publier un site est une chose, le faire connaître en est une autre. Jeter toute son énergie et ses moyens uniquement dans la création d'un site est vain : il faut prévoir du temps et du budget afin de le promouvoir.

Ci-dessous quelques conseils pratiques pour augmenter le trafic sur notre site internet (aussi valables pour promouvoir des applications mobiles) :

7.2 Référencement naturel

On désigne habituellement par le terme « référencement » (en anglais SEO pour Search Engine Optimization) l'ensemble des techniques permettant d'améliorer la visibilité d'un site web :

- **soumission** (en anglais submission) consistant à faire connaître le site auprès des outils de recherche.
- **positionnement** (en anglais ranking) consistant à positionner les pages d'un site en bonne position dans les pages de résultat pour certains mots-clés.

Toute la difficulté de l'exercice ne réside pas tant dans la promotion du site auprès des moteurs de recherche que dans la structuration du contenu et le maillage interne et externe pour être bien positionné dans les résultats sur des mots-clés préalablement choisis.

En effet une majorité d'internautes utilise les moteurs de recherche afin de trouver de l'information et interroge à ce titre un moteur de recherche à l'aide de mots clés (en anglais keywords). Il est donc essentiel avant toute chose de se préoccuper du contenu que l'on propose afin de répondre au mieux aux attentes des internautes, et d'identifier les mots-clés susceptibles d'être saisis par ces derniers.

Avantages
- L'investissement initial apporte un trafic gratuit par la suite.
- Cette technique n'est pas seulement génératrice de trafic. En effet, elle peut faire de notre site un outil générateur de contacts, de notoriété, d'image de marque, de recrutement et de chiffre d'affaires.

Inconvénients
- Le temps de mise en place dépend des moteurs.
- La concurrence est forte sur certains secteurs et la 1ère page n'a que 10 positions.
- La trop grande disparité dans les offres des agences de référencement qui conduit à l'auto référencement pas forcément aussi qualitatif que le passage par un professionnel.

Soumettre son site
Avant de parler d'optimisation du référencement, la première étape consiste à faire en sorte que les principaux moteurs de recherche et en particulier Google (car il est le plus utilisé) identifient le site et viennent le parcourir régulièrement.

Pour ce faire, il existe des formulaires en ligne permettant de soumettre son site web :
- Google : http://www.google.fr/addurl
- Bing : http://www.bing.com/toolbox/submit-site-url
- Yahoo : http://search.yahoo.com/info/submit.html
- DMOZ : http://www.dmoz.org
- Voilà : http://referencement.ke.voila.fr/

Optimiser le référencement
Il existe quelques techniques de conception de site permettant de donner plus d'efficacité au référencement des pages d'un site :
- un contenu original et attractif
- un titre bien choisi
- une URL adaptée

- un corps de texte lisible par les moteurs
- des balises META décrivant précisément le contenu de la page
- des liens bien pensés
- des attributs ALT pour décrire le contenu des images

Outils pratiques
- Google Webmaster Tools : https://www.google.com/webmasters/tools/home?hl=fr
- Google Tendances des recherches : http://www.google.fr/trends/
- ÜberSuggest - Suggestion de mots-clés : http://ubersuggest.org/
- Trouver les liens pointant vers une page : http://www.opensiteexplorer.org/
- Connaître le pagerank d'une page web : http://www.pagerank.fr

7.3 Référencement payant

Le référencement payant (appelé aussi PPC pour « Pay per Click ») est une méthode courante que de nombreux propriétaires de sites utilisent pour amener du trafic vers leurs sites. Elle consiste à construire des listes de mots clés et à écrire des annonces courtes et accrocheuses pour attirer le lecteur à cliquer sur leurs annonces.

Le référencement payant consiste généralement à pallier un référencement naturel défaillant ou à accroître sa position dans les pages de résultat des moteurs de recherche.

Pour chaque clic sur nos annonces, nous payons une somme définie à l'avance (par exemple 0,10 € le clic). Selon notre marché et la concurrence qui y règne, le coût des mots-clés peut vraiment varier (allant au-delà de huit euros si nous recherchons le mot « crédit » par exemple)

Avantages
- Rapidité de mise en œuvre : En 1 heure, nous apparaissons en 1ère position sur Google.
- Coût maîtrisé : On peut définir notre budget maximum.

- Bon palliatif en cas de référencement naturel très difficile ou mal optimisé.

Inconvénients
- Dès qu'on arrête de payer, on disparaît.
- Concurrence accrue sur beaucoup de secteurs.

En savoir plus : http://adwords.google.fr

7.4 Référencement social

L'utilisation des réseaux sociaux (tels que Facebook, Twitter, Google+, LinkedIn, Viadeo, Youtube…), s'avère être un levier webmarketing puissant, grâce à son effet viral.

La plupart sont gratuits et le fait de nouer des liens avec d'autres utilisateurs (contacts professionnels, amis, collègues, …) est un excellent moyen pour faire connaître son site et augmenter son trafic.

Avantages
- C'est une technique rapide à mettre en place.
- Le trafic est qualifié

Inconvénients
- Le trafic est assez restreint.
- Tous les réseaux sociaux n'ont pas une bonne image.

7.5 E-mailing

L'e-mailing est la diffusion d'un message électronique personnalisé à un public ciblé afin de lui présenter une entreprise, un produit ou un service.

Avantages
- L'e-mailing est très économique : Le coût d'un envoi est très bas comparé à l'envoi d'un mailing papier envoyé par La Poste.

- L'e-mailing est très rapide : Il suffit de quelques secondes pour envoyer un message alors qu'il faut plusieurs jours pour un mailing papier
- L'e-mailing est proactif : C'est vous qui prenez l'initiative d'envoyer un e-mail. Vous ne devez pas attendre une recherche ou le clic sur une publicité.
- L'e-mailing est ciblé : Il est possible d'adresser un message ciblé à tout ou partie de la base de données et cibler sur des critères précis.

Inconvénients
- Problème de spam.
- Taux d'ouverture variable selon les domaines d'activités.
- Désintérêt croissant des individus.
- Coût de l'achat d'une base de données qualifiée.
- Poids du message et des pièces jointes limité.

7.6 Le Vidéo Marketing

Avec la popularité des sites de streaming vidéo tels que YouTube ou Dailymotion, on peut créer des tutoriaux en vidéo sur une niche particulière tout en affichant un lien vers notre site pendant et à la fin de la vidéo. Les sites de streaming vidéo reçoivent un énorme trafic et les tutoriaux vidéo sont assez populaires. Encore une fois il s'agit d'avoir la bonne idée et de bien la mettre en forme.

Avantages
- Ludique et facile à regarder pour le lecteur.
- La vidéo de tutoriel bénéficie d'une bonne image. Vous donnez de l'information et ce n'est pas perçu comme de la publicité.
- Si le buzz prend, c'est gagné.

Inconvénients
- Attention à ne pas être noyé dans la masse.
- Arriver à créer du trafic sur ces vidéos pour créer du trafic sur le site.

7.7 Création d'un blog

Adossé au site, le blog est une plateforme d'échange autour du site, de la marque ou d'un produit en particulier. Il permet d'accroitre la notoriété d'une marque et surtout de sa visibilité sur la Toile.

7.8 Favoriser le dialogue

Internet est un espace de dialogue. Forum, sites, blogs... sont autant d'endroits où il est possible de communiquer l'adresse de son site. L'échange de liens est une technique couramment utilisée par les webmasters. En ciblant les sites ayant une audience en accord avec notre cible, nous nous assurerons un trafic qualifié.

Il est conseillé de participer activement à des forums/blogs sur notre thématique et de s'y faire connaitre, répondre aux questions, lancer des débats, commenter des posts, indiquer l'adresse de son site ….

7.9 Marketing viral

Le marketing viral consiste à générer un buzz (du bruit) sur la toile, la diffusion se faisant par les internautes. C'est une technique assez aléatoire et rares sont ceux qui réussissent.

Toutefois, lorsque le succès est au rendez-vous, les retombées peuvent dépasser toutes vos espérances.

7.10 Relayez hors-ligne

Il ne faut surtout pas oublier les canaux classiques qui peuvent bien fonctionner selon les segments : catalogues papier, flyers, sponsorisation, radio, télévision, presse spécialisée ou non... Il ne faut pas se leurrer, si internet est un bon moyen de communication il n'est pas le seul. A nous de bien cibler les canaux complémentaires en fonction de l'activité.

7.11 Conclusion

Ces techniques bien connues des web marketers sont toutes complémentaires et doivent être prévues dans une stratégie Web Marketing globale. Elles permettent d'augmenter le trafic vers notre site avec un apport de trafic plus qualifié ou plus massif. Afin de mesurer les retours et la pertinence de ces leviers, l'implémentation d'un bon outil d'analyse d'audience est une étape à ne pas négliger.

8. Mesure d'audience
8.1 Définition

L'**audience** d'un site Web (également appelée **Web analytics**) permet de quantifier la fréquentation d'un site en fonction d'indicateurs tels que le nombre de visiteurs uniques, les pages vues, les visites, la durée moyenne des visites etc. Elle regroupe la mesure, la collecte, l'analyse et la présentation de données provenant d'Internet utilisées afin de comprendre et d'optimiser l'utilisation du Web.

8.2 Les indicateurs clés de l'analyse

Voici les principaux indicateurs dont il faut se servir pour mesurer l'audience :

Indicateurs liés à l'internaute
- L'adresse IP de l'ordinateur et son nom de domaine.
- Les traces laissées par les robots d'exploration des moteurs de recherche.
- La configuration de l'ordinateur utilisé (système d'exploitation, navigateur, taille de l'écran, etc.).

Indicateurs liés aux visites du site
- Le nombre de pages vues.
- La durée de la visite (par page ou sur le site).
- Les sites de provenances du visiteur.
- Les pages les plus visitées.
- Le parcours du visiteur (page d'entrée et de sortie).
- Les mots-clés utilisés dans les moteur de recherche pour arriver jusqu'au site.

Indicateurs évolués
- Le taux de rebond : ce chiffre représente le pourcentage des visiteurs qui voient une seule page de votre site et le quittent immédiatement après (le calcul s'effectue en divisant les visiteurs n'ayant vu qu'une seule page par le total des visiteurs).

- Le taux de transformation : correspond au pourcentage de visiteurs ayant réalisé un objectif du site web. Par exemple le nombre de visiteurs ayant rempli un formulaire de demande de devis (le calcul se fait en divisant le nombre d'objectifs réalisés par le nombre de visiteurs de la page). Si vous avez 1000 visites sur votre page de demande de devis et 100 personnes qui ont répondu au formulaire, vous obtenez un taux de transformation de 10%.

8.3 Outils de mesure d'audience

Les outils de mesure d'audience sont des solutions qui permettent de générer des statistiques de fréquentation d'un site Internet. Les données récoltées par ces outils sont très importantes et permettent de véritablement comprendre l'audience d'un site internet.

8.3.1 Google Analytics

Google Analytics vise à apporter une solution de mesure d'audience complète et gratuite à tous les Webmasters. Largement utilisée à travers le monde, elle a le mérite d'être très simple à installer et redoutablement efficace. L'interface est simple et intelligible, tout en permettant une utilisation avancée pour ceux qui le souhaitent.

Avantages
- Le prix : solution gratuite
- Des fonctionnalités avancées
- *Tracking* e-commerce
- Outil en évolution permanente
- Simplicité d'intégration
- Aucune publicité imposée

Inconvénients
- Pas de vrai support.
- Partage des données avec Google.

Tarif : Gratuit
Lien : http://www.google.fr/analytics

8.3.2 Piwik

Contrairement à la solution de Google, Piwik est un outil à héberger soi-même. Il nécessite donc une maintenance lors des mises à jour et une connexion à une base de données MySQL pour fonctionner.

Avantages
- Le prix : solution gratuite.
- Outil en évolution permanente.
- Simplicité d'intégration.
- On est maître de nos données.
- Aucune publicité imposée.
- Interface totalement traduite en français.

Inconvénients
- Pas de vrai support (forums communautaires uniquement).
- Manque de fonctionnalités avancées.
- Solution gourmande en espace disque pour la base de données.

Tarif : gratuit
Lien : http://piwik.org/

8.3.3 Clicky

Clicky est une solution de mesure d'audience qui propose une interface claire, rapide et efficace. Elle s'installe et s'utilise sans aucune connaissance particulière, tout en proposant un certain nombre de fonctionnalités avancées.

Avantages
- Interface AJAX très rapide.
- Impressionnante palette de fonctionnalités.

- Statistiques en temps réel.
- Interface mobile disponible.
- Prix très attractif.
- Solution très flexible : Export des données, API développeurs, etc.
- Interface totalement traduite en français

Inconvénients
- Pas de tracking e-commerce
- Inadapté pour les sites à fort trafic (plus de 1 million de pages vues par jour)

Tarifs : à partir de 39,99$ par an, pour 10.000 pages vues par jour
Lien : http://getclicky.com/

8.3.4 Woopra

Woopra est une solution très différente de ce qui se fait sur le marché. Cet outil est axé autour des statistiques en temps réel. Une fois la solution installée sur son site Internet, les statistiques sont consultables sous forme de « pluie » d'informations. Chaque nouvel arrivant sur le site est isolé avec ses spécificités (Navigateur, Système d'exploitation, Source, etc.), ce qui permet de dégager des tendances en temps réel. Un site e-commerce peut ainsi identifier un afflux massif de visiteurs en provenance de Facebook suite à un *post* sur le célèbre réseau social.

Avantages
- Concept très novateur.
- Statistiques en temps réel.
- Vaste palette de fonctionnalités.

Inconvénients
- Durée de rétention des données limitée.
- Inadapté pour les sites à faible trafic.

Tarifs : à partir de 5$ par mois (100.000 pages vues par mois)
Lien : http://www.woopra.com/

8.3.5   Advanced Web Stats

Advanced Web Stats est une solution différente des autres en ce sens qu'elle inverse la mécanique de collecte des données. Concrètement, la grande majorité des solutions du marché utilisent un *tracking javascript* pour générer les statistiques. Advanced Web Stats se base sur les *logs* du serveur web, logs qui sont enrichis par un *tracker javascript*. Ainsi, les statistiques délivrées par Advanced Web Stats se veulent les plus fiables qu'il soit.

Avantages
- Vaste panel de fonctionnalités.
- Concept novateur.
- On est maître de nos données.
- Solutions très flexible.
- Support très réactif (en anglais).

Inconvénients
- L'analyse de logs importants (fort trafic) peut nécessiter une certaine puissance machine.
- Un site à fort trafic va nécessiter un espace disque important.
- Mise en place assez compliquée.

Tarifs : à partir de 395$ (existe en version gratuite)
Lien : http://www.advancedwebstats.com/

8.3.6   AT Internet

Anciennement connu sous le nom de Xiti, AT Internet se positionne comme le leader de la mesure d'audience professionnelle en France. Parmi les références d'AT Internet on trouve : Lemonde.fr, Bouygues Telecom, Total, Areva, Ryanair, ING Direct, Allociné, Carrefour, France télévisions, leboncoin.fr, etc.

Avantages
- Un spectre fonctionnel très important.
- Solution reconnue.
- Support français de qualité.

Lien : http://www.atinternet.com/

9. La course au financement

Trouver les ressources financières adaptées au bon développement de notre future startup est l'une des clés de sa réussite. Plusieurs solutions s'offrent à nous.

9.1 L'apport personnel

L'apport personnel est un plus dans un projet de création d'entreprise. Il va permettre de se constituer un capital social et donc de gagner en crédibilité auprès des tiers (fournisseurs, banques...) et ainsi d'avoir plus facilement recours à l'emprunt. Le montant apporté doit en général permettre de couvrir les frais de démarrage d'activité.

9.2 Les aides et les subventions

Les aides et les subventions sont peu nombreuses et le plus souvent sous forme d'avances remboursables. On peut y avoir accès en fonction de notre statut et du lieu d'implantation de notre startup.

Pour en savoir plus : http://les-aides.fr, www.aides-entreprises.fr

9.3 Le prêt d'honneur sans intérêt

Le prêt d'honneur sans intérêt est un prêt personnel, sans intérêts et sans garanties personnelles. Il permet d'augmenter l'apport initial du créateur afin de lui faciliter l'accès aux crédits bancaires.

Pour en savoir plus : www.initiative-France.fr, www.oseo.fr

9.4 Les emprunts

Les banques sont le principal partenaire d'une entreprise en phase de création. Trois critères à garder en tête : la banque ne finance pas plus de 50% du coût du projet (d'où la nécessité de l'apport) ; le prêt doit être au moins égal à 7 500 euros ; enfin, il faut présenter des garanties.

9.5 Les Concours

Oséo, Talents, Graine de boss, BFM Academy, MoovJee ... Ces concours sont ouverts à tous et présentent de réelles opportunités pour lever des fonds (jusqu'à 500.000 euros pour le concours Oséo).

9.6 Les Investisseurs

On peut se tourner vers des investisseurs privés qui rentreront dans le capital social de la startup. Ils peuvent se révéler une source très importante de financement s'ils croient en notre projet mais exigeront des comptes rendus sur l'activité et un retour sur investissement.

Pour en savoir plus : www.franceangels.org, www.euroquity.com/fr

9.7 Le Crowdfunding

Le Crowdfunding est une approche permettant le financement de projets en faisant appel à un grand nombre de personnes ordinaires pour faire des petits investissements. Une fois cumulés, ces investissements permettront de financer des projets.

Pour en savoir plus : www.particeep.com, www.anaxago.com, www.zentreprendre.com

10. Modèle économique (monétisation)

Difficile de percevoir quel est le business model d'un site web ou d'une application mobile, surtout quand l'utilisation est gratuite. Tous les services web ne sont pas rentables, car ils nécessitent souvent de gros volumes, mais il existe de nombreuses manières de gagner de l'argent grâce à internet.

On ne doit pas se contenter d'une seule source de revenus pour notre site/application. Toutes les formes de monétisation sont souvent combinées pour augmenter les chances de rentrées d'argent (Quelques exemples de monétisation : http://rcs.seerinteractive.com/money/)

10.1 La publicité

La publicité est le modèle de revenu le plus commun qui consiste à insérer des bannières publicitaires dans son site. Une fois les bannières en place, chaque clic des visiteurs sur une annonce nous rapportera une rémunération variable qui peut aller de quelques centimes à quelques dizaines d'euros selon la cible de la publicité.

Pour en savoir plus : www.google.com/adsense, www.vshop.fr

10.2 L'affiliation

Possédant un fonctionnement proche de celui de la publicité classique, l'affiliation ne propose pas d'être rémunéré au nombre de clic, mais en pourcentage sur la vente qu'une visite engendrera.

En savoir plus : www4.fnac.com/affiliates/accueil.aspx, https://partenaires.amazon.fr, www.effiliation.com

10.3 La vente des liens

La vente des liens consiste tout simplement à placer sur son propre site des liens vers d'autres sites internet.

En savoir plus : www.rocketlinks.net, www.backlinks.com

10.4 La vente de Produits/Services

Ce modèle économique consiste à mettre en vente nos produits et/ou nos services aux visiteurs.

10.5 La vente des données

Il s'agit du modèle utilisé (entre autres) par les réseaux sociaux de recrutement, comme Linkedin ou Viadéo. Les données des candidats sont proposées aux recruteurs et chasseurs de tête, en échange d'un compte premium.

10.6 Le freemium

Le freemium est un modèle économique associant une offre gratuite, en libre accès, et une offre « Premium », haut de gamme, en accès payant.

10.7 Les commissions

Les plateformes d'échange de services entre particuliers fleurissent sur le web (covoiturage.fr, airbnb.com, e-loue.com). Le principe de ce modèle économique est simple : prendre une participation sur les échanges financiers entre les membres.